PHÉNISSA.

Tiré à XCXVIIII exemplaires numérotés et signés par l'auteur.

N° 21

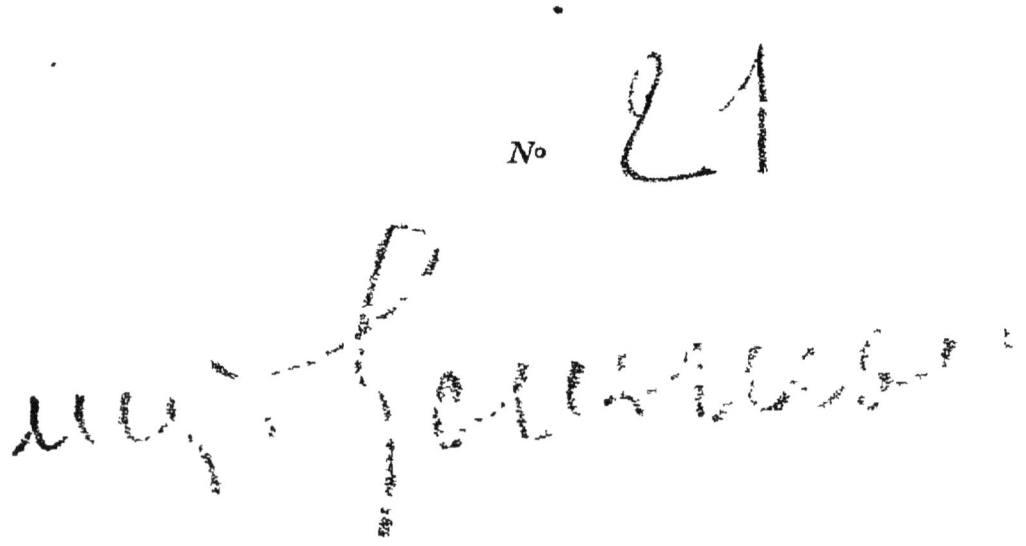

HISTOIRE TRAGIQVE DE LA PRINCESSE PHÉNISSA ★ EXPLIQVÉE EN QVATRE ÉPISODES ★ PAR REMY DE GOVRMONT ★

A PARIS ★ ÉDITION DV MERCVRE DE FRANCE ★ XV ★ RVE DE L'ÉCHAVDE ★ MDCCCXCIV ★

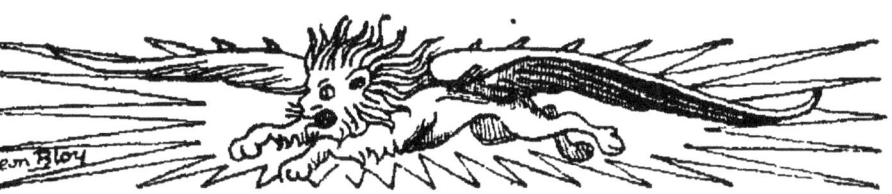

DRAMATIS PERSONAE

Le prince Phébor.
La princesse Phéna.
Phénissa, fille de Phéna et femme de Phébor.
Le Messager.
Les Suivantes.
La Petite.
Le Pauvre.
Soldats et Valets.

Cela se passait autrefois.

PREMIER ÉPISODE

(Phéna est assise au seuil du palais. Ses femmes l'entourent. Quelques-unes causent deux à deux. Les plus jeunes, avec des rires et des cris, jouent à colin-maillard. Une petite, agenouillée sur le coussin où Phéna pose ses pieds, assemble un bouquet de jasmins, d'œillets et de diverses fleurs.)

PHÉNA

Suis-je belle ? Regarde-moi bien.

LA PETITE

Oh ! oui, tout à fait belle.

PHÉNA

Comme quoi ?

LA PETITE

Je ne sais pas, moi. Oh ! oui, comme un verger d'automne, comme les belles pommes rouges et bien mûres qui tombent, qui tombent, et qu'on emporte au pressoir.

PHÉNA

Petite, regarde-moi bien. Suis-je belle ?

LA PETITE

Prenant la main de Phéna et la baisant cordialement.

Oh ! oui, tout à fait belle.

PHÉNA

Belle comme quoi encore ?

LA PETITE

Belle comme tout !

PHÉNA

Que tu es sotte ! Sais-tu à quoi je me compare, moi ? A une louve, à une belle louve aux yeux sanglants, aux dents aiguës et blanches, — oui, à une louve !

LA PETITE

Vous me faites peur !

PHÉNA

Si tu as peur, tais-toi ! Pour qui ces fleurs ?

La Petite

Pour Phénissa.

Phéna

Donne-les moi.

La Petite

Oh ! non, c'est pour Phénissa. D'autres, si vous voulez, toutes les autres, mais celles-là, c'est pour Phénissa.

Phéna

Insupportable petite mauvaise tête ! Tiens, va-t'en, toi et tes fleurs.

(La petite s'éloigne. Au même instant, la trompe du guetteur se fait entendre au haut de la tour : Phéna sursaute, les conversations et les jeux se taisent ; toutes les femmes s'avancent et bientôt crient :)

Le voilà ! Le voilà ! Oh ! comme il court ! Il court comme le vent.

(Phéna se leve, puis se rassied, quand le messager paraît. Deux femmes descendent vers lui, essuient la sueur de son front, lui font boire un cordial, puis l amenent devant Phéna.)

Phéna

Tu les as vus ?

Le Messager

Je les ai vus. Ils ne sont pas loin maintenant, mais les chemins sont mauvais, leurs chevaux sont fatigués et la chaleur les incommode.

Phéna

Phénissa doit être bien lasse. Un si long pèlerinage ! Des bords du Rhin à Saint-Jacques de Compostelle ! Elle doit être pâle, malade, peut-être ? Elle doit être devenue laide. Le soleil l'aura hâlée ; je la vois, le visage tout couvert de taches de son, la peau brûlée...

Le Messager

Nullement. Elle est fraîche comme la rosée.

PHÏNA
Ah ! Et le prince Phébor ? Il doit être vaillant comme au premier jour !

LE MESSAGER
Nullement. C'est lui qui est pâle et las ; son regard a été un peu triste, mais sa bouche m'a souri.

PHENA
Sa bouche doit être amère. Les fruits verts sont amers... Enfin, tu l'as vu et il va revenir. Maintenant, répète-moi ses paroles, les paroles de salutation qu'il m'adresse.

LE MESSAGER
Il n'a rien dit.

PHÉNA
Ah !

LE MESSAGER
Il m'a souri, et voilà tout. Mais Phénissa m'a dit : « Tu baiseras pour moi la main de ma mère. »

PHÉNA
Voici ma main, fille révérentieuse. (*Le Messager s'agenouille et baise la main que lui tend Phéna.*) Qu'on traite le messager comme un favori. Allez, toutes, j'attendrai seule l'arrivée de mes enfants.

LE MESSAGER
Ils seront ici avant le coucher du soleil.

(Les femmes de Phéna s'emparent du messager et amoureusement lui font fête. Elles chantent, en se retirant avec lui :)

    Les sirènes
    Etaient trois reines,
    Chacune a choisi son roi.
    Les sirènes
    Etaient trois reines,
    Choisis ta reine, ô messager !

Les sirènes
Etaient trois reines,
Choisis ta reine, ô messager !
Les sirènes
Etaient trois reines,
O messager, sois notre roi !

PHÉNA

Prince Phébor, sois mon roi ! Sois toujours mon roi, comme jadis ! Jadis ! Quelques semaines ont fait du glorieux passé un jadis... (*Elle se dresse, inquiète.*) Non, je suis bien seule et nul n'a pu m'entendre, nul que lui, peut-être, à travers les champs, les vergers et les prés, à travers les arbres, à travers les rochers, à travers tout l'obstacle que j'érigeai moi-même entre nous deux, — l'autre, elle, Phénissa, ma fille ! Si son oreille, pendant qu'il approche, se tend vers mes paroles ; si sa bouche est amère d'avoir mâché le fruit vert ; si son cœur est las d'un amour trop léger ; s'il n'a pas osé envoyer à cette main qui tremble d'amour et du souvenir des anciennes caresses le baiser du retour, le rêve de l'absent, le signe qui exorcise la largeur des espaces et la lenteur des heures, si ses yeux ont la gaieté un peu triste des yeux qui désirent leur vraie lumière et qui la craignent ; si sa bouche tant amère a souri tout de même, — oui, peut-être qu'il a entendu mon cri, le prince Phébor !

(*Un mendiant s'approche, ôte son bonnet, et en bas du perron s'agenouille, humble et accablé, la main tendue.*
Mais à mesure que Phéna parle et s'encolère, le Pauvre se redresse.)

PHÉNA

Des pauvres, ici ? Va-t'en aux cuisines, misérable ! Des pauvres, ici, dans la richesse de mon domaine, la robe pouilleuse séparée de ma robe princière par douze marches de marbre, douze, seulement ! Des pauvres ! Il n'y a pas de pauvres. (*A ce moment, le mendiant est debout et il se couvre.*) Les pauvres insultent à ma domination et à la paix de mon opulence. Je ne veux pas régner sur des pauvres ! Qu'ils crèvent de faim, et hors du cercle de mon regard ! Va-t'en, misérable, tu me fais honte. Tu sais qui je suis, mais sais-tu bien ce que je suis ? Les hommes et les siècles, les éléments et les forces, la nature et les lois travaillent pour moi depuis le commencement du monde et ne travaillent que pour moi. Je suis le résumé de toutes les larmes, de tous les efforts et de tous les cris. Tout converge vers moi, reine et maîtresse des hommes et des choses. Je suis parfaite et rien d'imparfait ne doit vivre sous moi. Les pauvres contredisent mon harmonie, ils sont coupables. Va-t'en crever et que je ne te voie plus ramper, pou, sur la robe de soie et sur la nacre de la peau élue pour les amours royales... Mais, tiens, je suis bonne aujourd'hui, parce que ma joie est en route, je te l'ai dit, va-t'en aux cuisines. C'est l'heure de la pâtée des chiens...

LE PAUVRE

Il s'éloignait. Il s'arrête, se retourne, fixe un instant les yeux sur Phéna, puis s'en va, agitant son bâton et fredonnant :
Quand les rats mangèrent la louve,
La lune fut couleur de sang,
Couleur de sang,
Et les crapauds dansaient en rond,
Dansaient en rond,
Quand les rats mangèrent la louve,
La louve !

PHÉNA

Quel sale pauvre ! Il doit être dangereux... (*A ce moment, la trompe sonne encore au haut de la tour.*) C'est lui, c'est mon Phébor ! (*Elle se lève, agitée, criant :*) Venez ! Venez !

(Les suivantes arrivent, se disant les unes aux autres :)

Les voilà ! Les voilà !

(Toutes portent des fleurs, des couronnes, des chapels de roses, mais c'est la Petite qui tient, très fière, le plus gros bouquet.

En même temps, des hommes d'armes et des valets se rangent au pied du perron, et Phébor parait, à cheval, tenant en main la bride d'un autre cheval, houssé de blanc et sellé d'une selle de femme, une sorte de panier.)

PHÉNA

se précipite à la rencontre de Phébor, lui saisit la main qu'elle baise avec passion.

Te voilà donc, ô Phébor ! Je défaille de joie. Tu es seul ? Tu es donc seul ?

PHÉBOR

Il descend de cheval et s'agenouille pour porter à ses lèvres le bas de la robe de Phéna. Puis tous deux montent les degrés du perron.

Je n'ai pas perdu votre fille en route, Madame. Je l'aime trop pour cela. Tenez, la voici.

(Paraît Phénissa, menant le Pauvre par la main.)

PHÉNISSA

Je l'ai trouvé près des cuisines, mère, et les chiens aboyaient après lui. Alors je l'ai fait boire et je lui ai donné de quoi vivre un jour. Quelle bénédiction pour mon retour ! Je suis contente. (*Au mendiant :*) As-tu assez ? Tiens, voilà de l'argent, tiens !... Ah ! je n'ai plus rien, tu reviendras. Tu seras mon pauvre, à moi, à moi toute seule, et tous tes frères sont mes frères.

PHÉNA

Elle aime donc toujours les pauvres ?

PHÉBOR

Oui, elle aime les pauvres.

(Les suivantes descendent empressées vers Phénissa, en répandant sur les marches des fleurs effeuillées, puis la conduisent à Phéna, qui la baise au front, selon le cérémonial.)

DEUXIÈME ÉPISODE

(Une salle du palais.)

PHÉNA
Eh bien, elle est ta femme ?

PHÉBOR
Le rôle d'un mari n'est pas celui d'un gardien de la virginité.

PHÉNA
Elle est ta femme et tu l'aimes.

PHÉBOR
Me l'as-tu donnée pour l'aimer ou pour la haïr ?

PHÉNA
Pourquoi donne-t-on un joujou à un enfant ?

PHÉBOR
Pour qu'il s'amuse avec. C'est ce que j'ai fait. Et le joujou s'est amusé autant que l'enfant. Innocente, mais sans pudeur. Vous ne lui avez donc pas appris la pudeur ?

PHÉNA
Je comptais sur vous.

PHÉBOR
Rien n'est fatigant comme une femme sans pudeur. Vous auriez dû la dresser.

PHÉNA
C'est bien assez de l'avoir mise au monde.

PHÉBOR
Mauvaise mère !

PHÉNA
Mauvais amant !

PHÉBOR
Je ne suis plus votre amant.

PHÉNA
Tu es mon amant — pour l'éternité. Les forts

aiment les forts. Les riches aiment les riches. Les princes aiment leurs égaux. Tu ne peux aimer que moi, tant que ton désir sera royal et tant que tu seras Phébor. Les enfants aiment les enfants. Laisse donc Phénissa choisir un page.
PHÉBOR
Quand je serai fatigué.
PHÉNA
Mais c'est à moi que tu dois ta force ! Vous tirez vos flèches sur les mouches, pendant que le cerf vient boire à vos pieds. Phénissa ! Il te faut bien longtemps pour manger deux prunes vertes ! Reviens donc à l'arbre fécond en fruits mûrs et à la femme féconde en plaisirs. La joie d'aimer et de mordre pend à toutes mes branches et le parfum des fleurs s'y mêle à l'odeur des vendanges. Je suis le luxe d'une éternelle luxure et ma vie est un perpétuel épanouissement. Je te l'ai donnée, elle, pour que tu la manges en intermède, repos au milieu du repas, mais c'est à ma chair que tes dents appartiennent et seul mon sang a le droit d'apaiser ta soif de mâle, et seul il en a le pouvoir !
PHÉBOR
Laisse-moi m'amuser encore un peu !
PHÉNA
Non, tu as joué assez avec ce néant. Tu n'entreras pas plus avant dans l'obscurité de l'avenir et tu n'iras pas semer dans le champ de demain des herbes qui fleuriraient peut-être. Demain ne te fait donc pas horreur que tu en peux supporter l'image et aimer le symbole ? Tu veux donc qu'après t'avoir arraché la langue on boive dans ton verre ? Tu veux léguer tes joies, en les pleurant ? Donne-les, maintenant, en les méprisant.

Jette l'agnelle à peine dépucelée au naïf baiser d'un jeune loup et qu'il crève en la dévorant, — mais n'attends pas que, riche de ta vie, elle se couche sur ta tombe pour y ouvrir au railleur funèbre la somptuosité de son sexe. Tu ne hais donc plus ceux qui te survivront ?

PHÉBOR
Je les hais. Je veux que tout finisse avec moi, — mais pas encore !

PHÉNA
Non, pas encore. Pas encore ! Tu consens donc à mourir, — comme si je n'avais pas le secret de la vie ?

PHÉBOR
Nul n'a le secret de la vie.

PHÉNA
Les jeunes herbes étouffent leurs mères. Si les jeunes herbes étaient détruites dans leurs graines, ou les graines dans la terre, ou si les jeunes pousses étaient rasées à mesure que pointe leur insolence, — les mères seraient éternelles. Nous sommes les mères, Phébor, et plus que des herbes hautes et mûres. Nous sommes des êtres volontaires et libres, — et nous pouvons étrangler l'avenir.

PHÉBOR
Etrangler l'avenir !

PHÉNA
Donnons l'exemple à nos pareils.

PHÉBOR
Je ne suis pas prêt.

PHÉNA
Que te manque-t-il ?

PHÉBOR
La puissance d'un motif capable d'exalter mon bras.
PHÉNA
C'est la haine qui te manque ? Je te plains.
PHÉBOR
Ce n'est pas la haine qui me manque, — mais j'ai pitié.
PHÉNA
De toi-même ?
PHÉBOR
De Phénissa.
PHÉNA
Je ne te l'ai pas donnée pour que tu en aies pitié.
PHÉBOR
Pourquoi donc me l'as-tu donnée, — ta fille ?
PHÉNA
Pour que, l'ayant aimée, tu aies le droit de la tuer.

Elle sort.)

PHÉBOR
La tuer ? Il y a des mots que je n'aime pas. Ils sont trop clairs. Tuer ! Oui, tuer, c'est vivre. On ne peut vivre sans tuer, — et peut-être qu'à force de tuer on gagne la vie. Mon corps et tous mes membres, et mes yeux, et ma bouche, et mes oreilles, c'est du sang qui les a faits, — et je sens qu'en mes veines il me coule une âme de sang, une pensée de sang. A boire ! J'ai soif de toute l'essence de la vie et de la pourpre de toutes les artères ! Triste vampire, à quoi bon ? Non, mais si c'était vrai qu'en écrasant les petits on fortifie les mères, — qu'en étouffant l'avenir, on éternise le présent ? Peut-être. J'aime à croire cela, car

l'avenir me cause une telle horreur qu'il m'empêche de jouir de la bénédiction des choses. L'avenir : que l'indignité d'autrui se roule sur le tapis de mes plaisirs, et savoir monnayée en de sottes mains la gloire de mon égoïsme royal ! Ah ! l'avenir, si on pouvait le tenir et le percer au cœur ou l'étrangler, sans bruit, — pour que Dieu ne s'en aperçoive pas !

(Entre Phénissa.)

L'avenir, la jeunesse, l'enfance, la perpétuité ! L'avenir, — le voilà.

PHÉNISSA

Oui, la voilà !

(Elle court à Phébor, saute sur ses genoux, le caresse, enfantine et amoureuse)

Vilain, qui m'a laissé dormir si tard ! J'ai les yeux rouges. Baise-les, mes petits yeux. Un — deux ! Encore ! Non ? Je suis fâchée.

PHÉBOR

Phénissa, quel âge as-tu ?

PHÉNISSA

Sot, est-ce que j'ai un âge ? Est-ce que les fleurs ont un âge ? Est-ce que les lys ont un âge ? Ils sont fleuris ou défleuris, voilà tout. Moi, je suis fleurie. Je me sens fraîche comme un lys, parfumée comme un lys. Je suis un lys plein de rosée qui s'ouvre au soleil du matin. Oh ! que je suis donc bien fleurie.

PHÉBOR

Illusion ! Tu n'es qu'une feuille verte.

PHÉNISSA

Jaloux ! Oui, tu as l'air jaloux de ma jeunesse. Pourtant elle est à toi Toute ma blanche peau est à toi. Oh ! j'ai envie de me mettre nue ! Je t'aime!

(Elle ouvre sa robe et, demi-dévêtue, recule en tendant les bras a Phébor, qui la poursuit jusqu'au fond de la salle.)

Toute nue, toute ! Mets-moi toute nue. Le lys n'a d'autre robe que sa beauté.

(Elle pousse une petite porte et se sauve en rattachant sa ceinture.)

PHEBOR

Je me suis encore laissé prendre à l'odeur de la feuille verte. Phénissa ! Sa jeunesse est peut-être un cordial. Elle me réconforte comme du vin frais, — elle me réconforte jusqu'à l'ivresse. Ah ! mais j'en ai trop bu ! Mes jambes fléchissent. Cordial, d'abord ; ensuite, corrosif. Mon cerveau bouillonne comme de la craie dans du vinaigre. Tout ce voyage, toute cette fatigue... Moi, j'ai un âge. Quarante ans ? Et combien avec ? Et beaucoup avec. On ne peut pas savoir Il n'y a pas de calendrier, ici. Phéna les a brûlés, tous, et elle fait chasser les colporteurs... Singulier cordial qui empoisonne ma force !... Les jeunes herbes étouffent leurs mères, — à moins que les mères n'étouffent les jeunes herbes. Ma pareille et ma sœur, Phéna, tu as dit vrai... Mais J'aime ! Qui ? J'aime Phénissa. Qui ? J'aime Phéna. La petite, d'abord ? Oui, dans l'incohérence de ma sénilité hâtive. Poison nouveau, qui m'est plus cher que les vieilles habitudes de ma chair. Je t'aime, fillette, — mais pourquoi as-tu ce signe trop jeune sous l'étoffe de ton corsage, ces riens de seins que mon baiser écrase ! et qui n'emplissent pas ma main ? Et, surtout, cette impudeur d'enfant qui s'amuse, sans jouir, du plaisir donné ? L'impudeur, libéralité de ceux qui n'ont rien, générosité de ceux qui promettent... Jolie, oui ! jolis yeux, jolis gestes, élégance de la chevrette et fraîcheur de la couleuvre... Des promesses ! Phéna donnait. Phéna donnera encore. Phéna doit donner toujours... Et pourquoi pas les deux, celle qui pose sur mes épaules ses pattes d'oiseau et celle qui m'enveloppe d'une chaleur d'ailes ; — la génisse et la taurelle ; — la fille et la mère !... Non, je m'épuise à trop vouloir. Il faut choisir, et qui ? sinon ma sœur et ma pareille. Je veux jouir de mes pareils, c'est-à-dire de moi. Ni enfants, ni vieillards, ni pauvres, ni empereurs, ni valets, ni papes, — mais ceux dont l'âme, par son cri, fait vibrer en moi la même corde de viole... Ah ! je m'entendais bien avec Phéna. Nous ne parlions ni d'hier, ni de demain, — ni surtout de demain ? Nous étions l'heure présente qui se suffit à elle-même et qui évolue dans le cercle de la jouissance immédiate, — c'est-à-dire absolue. Demain ? Demain, c'est la faiblesse, c'est le second balbutiement, c'est la mort. Je ne veux pas qu'on me survive. Phéna, tu as caressé l'endroit sensible, tu as chatouillé jusqu'à mes moelles ! Tu as écrit ta pensée sur ma peau, ta pensée et ta volonté ,— à l'endroit et à l'envers : que la fille meure, et vivons de sa vie, — nous, les mères.

Nous, les mères ! Il me semble que je suis mâle et femelle, quand j'ai dit : nous, les mères ! Il me semble que je prédomine la vie et que je puis la jeter en pâture à la mort, comme un mauvais esclave. Il me semble que je puis écraser l'œuf éternel, comme un nid d'œufs de fourmis, et que je puis stupéfier la fécondité, fêler les matrices, et d'un de mes regards de haîne pétrifier dans son canal le jet hideux du sperme. La Vie ? non. Ma vie. Que rien ne reste de moi que mon inféconde pourriture, — et que rien ne me survive que le désespoir de vivre. Je voudrais abraser la terre et n'y laisser que des chaumes, — tondre le monde comme une brebis. L'avenir, l'herbe qui pousse sous les gerbes, l'herbe qui reverdit sous le foin fauché, le nid qui s'envole, le bourgeon qui se gonfle — avec une épouvantable certitude : mais si on coupe la branche?

Il faut couper la branche. J'en ai sucé le miel nouveau. Il était doux, il était fort : il était trop fort pour moi. Les sucs jeunes ne valent rien : je couperai la branche.

(Rentre Phénissa. Doucement, après avoir baisé Phébor, elle s'assied, les mains croisées sur ses genoux, le regard vague.)

PHÉBOR

Oh! ces yeux qui regardent on ne sait où, ces yeux qui semblent voir plus loin que les choses! Phénissa, que regardes-tu?

PHÉNISSA

Rien.

PHÉBOR

Où regardes-tu?

PHÉNISSA

Loin, loin, loin! Vers des années, vers des siècles où toutes les créatures seraient heureuses comme je suis heureuse, où les femmes ne connaîtraient que les sourires et les hommes que les caresses, où les fils des pauvres d'aujourd'hui marcheraient dans la vie tels que des seigneurs, —et où le fouet aurait changé de mains...

PHÉBOR

Charmant cœur!.. Mais alors tous les hommes ne seraient pas heureux?

PHÉNISSA

Ceux qui le sont aujourd'hui ne le seront pas demain.

PHÉBOR

Ils seront morts. Tu seras morte.

PHÉNISSA

Je ne mourrai pas. J'ai de la vie, j'ai de l'éternité, là, dans mon ventre.

PHÉBOR

Un coup de faux tranche plus d'un épi.

PHÉNISSA

Un épi est la semence d'un sillon et un sillon est la semence d'un champ. Il y a un épi, il y a un sillon, il y a un champ de blé en moi : voilà pourquoi je suis heureuse.

(A ce moment la trompette sonne au haut de la tour. En même temps entrent Phéna et les femmes de Phéna et de Phénissa.)

PHÉNA

Voici encore vos pauvres ! Ils auront appris votre retour.

LA PETITE

Il y en a tant, ils couvrent les avenues et les cours, ils ont l'air joyeux, ils chantent. Les entendez-vous pas ?

(Elle va ouvrir la porte. On entend :)

Quand les rats mangèrent la louve,
La lune fut couleur de sang,
Couleur de sang,
Et les crapauds dansaient en rond,
Dansaient en rond,
Quand les rats mangèrent la louve,
La louve !

PHÉNA

Puisqu'ils vous obéissent, allez les chasser !

PHÉNISSA

Ils m'obéissent et ils m'aiment. Je les renverrai quand ils auront mangé et quand ils seront contents.

TROISIÈME ÉPISODE

(La chambre de Phébor, la nuit.)

PHÉBOR

Elle dort et j'ai été tenté. Et déjà je l'étais pendant qu'elle me regardait avec ses yeux de songe, ces yeux qui cherchent la vie dans les au-delà des tombes... Ah ! enfant bonne à étrangler, ferme tes yeux ! Elle les a fermés. Elle dort. — Tantôt, elle me faisait presque peur, avec ses blasphèmes... Colère d'enfant ou d'esclave qui croit que la joie se promène dans les jardins ou sur les routes ! Oui, peut-être, mais ni les enfants, ni les esclaves ne franchiront les murailles du présent, — et ils périront, tels qu'ils sont nés, enfants ou esclaves, car il n'y a rien, il n'y aura jamais rien que le présent et les vivants écraseront à perpétuité les progénitures de l'Idée, ces larves. Nous, maintenant, et après nous le néant, — et tu ne jouiras pas de respirer après moi, ironie !

Délivre-moi de la peur, Phéna ! Délivre-moi du futur, Phéna ! Délivre-moi de la promesse, Phéna ! Donne-moi un fruit mûr, donne-moi une rose épanouie, et coupons le rosier par le pied, — afin d'humilier le printemps.

(Parée pour la nuit, la gorge et les bras nus, les reins ceints d'un voile qui retombe jusqu'à ses pieds, Phéna entre et s'arrête au seuil.)

PHÉBOR

Impérial succube, que me veux-tu ? Que viens-tu me demander ? Que viens-tu m'offrir ?

PHÉNA

Tout le jadis et tout le présent.

PHÉBOR

Ah ! Phéna !

(Ils s'avancent l'un vers l'autre et se baisent sur la bouche.)

PHÉBOR

Oh ! tu es vraie, toi ! Tu es le maintenant et non le demain, l'être et non le peut-être. Tu es l'immobile éternité.

PHÉNA

Je suis la honte du possible.

PHÉBOR

Oui, car tu es vraie. Oh ! tu es vraie, toi ! Là, le front qui domine les rêves morts comme un roi seul debout au-dessus du carnage des vaincus ! Là, les nobles cheveux qui ont entravé les jambes du désir et qui l'ont enchaîné dans les étables de la joie ! Là, les yeux dont l'ardeur a fondu comme un jet de foudre l'épée du prince futur ! Là, les lèvres qui ont bu tout le calice, et la langue qui n'a pas oublié une parcelle de la vie, et les dents qui ont brisé comme un os, pour en arracher la moelle et l'abominable secret, le sceptre d'or du fastueux espoir ! Là, le cou qui s'est gonflé de haine et qui a brisé son collier ! Là, les épaules assez fortes pour assumer comme un jeu le poids du réel, où succombent les lâches ! Là, les bras adorables qui ont captivé l'illusion et les courageuses mains qui lui ont arraché la langue ! Là, les divines mamelles, dieux femelles, allégresse de mon humanité, indéniables plaisirs, évidences formelles, trésor de la sensualité animale, négation du rêve, certitude mamelle, ô beaux fruits, ô réconfort de ma bouche, chaleur de mon sang, fraîcheur de mon front, ô belles fleurs, fleurs ouvertes, parfum vital, roses ! Là, les hanches et les reins, assises du monde, fondations de la vérité ! Là, les genoux qui n'ont jamais plié, les jambes qui n'ont jamais reculé vers la prière, les pieds qui n'ont jamais marché vers l'espérance !

Là, le centre même du monde et la vérité elle-même, la caverne redoutable et sacrée, l'abîme qui n'engendra qu'une fois pour engendrer la mort !

PHÉBOR
Vraiment, je la hais, depuis que je t'ai retrouvée.
PHÉNA
Tu as puisé en moi : je suis un puits de haine.
PHÉBOR
Oui, je suis tout ruisselant de haine !
PHÉNA
Ah ! la belle et tragique et somptueuse et douloureuse et consolante nuit où la délivrance fut conçue ! Car j'ai conçu dans tes bras, Phébor ! Un frisson spécial et unique me l'a dit. J'ai conçu, j'en suis sûre, et, en négation des lois de la nature, j'accoucherai quand tu voudras.
PHÉBOR
Mes mains seront le forceps !
PHÉNA
Ah ! donne, que je les baise, ces mains qui vont étrangler l'avenir !
PHÉBOR
Oui, j'étranglerai l'avenir, les possibilités encloses dans l'espoir, les peut-être qui dorment dans la coquille de l'œuf. Nous assassinerons la Rédemption. Le sommeil ne se réveillera pas. Toute la lumière tombée dans les yeux violets de la jeune amoureuse, nous la dessécherons comme un marais trop noblement pestilentiel pour la délicatesse de notre haine. Nous la dessécherons comme un ruisselet, en la buvant; comme un fleuve, en la détournant vers l'océan de la nuit par une route sûre, — et nous creuserons ce lit

nouveau dans le roc et dans l'imperméable glaise, — et la gloire de demain tombera de l'autre côté du monde !

O joie de tuer la féconde et aimable bête ! O joie d'écraser les innocents scarabées qui grimpent aux feuilles des fougères, — et de respecter les vipères et de s'en faire des bracelets !

Elle n'est rien...

PHÉNA

Qui ?

PHÉBOR

Phénissa.

PHÉNA

Rien ?

PHÉBOR

Non, elle n'est rien, elle est le futur, la beauté de demain, l'amour de demain, la vie de demain !

PHÉNA

La vie de demain ! Tue, tue ! L'oblation de sa vie engraissera la genèse de mes fureurs. Nous l'enterrerons au pied de notre amour, sous les racines du chêne, et des glands nés de cette chair révolue, nous ferons de sacrilèges hosties, d'inimitables pains de réconfort, de puissance, de vie, — et peut-être d'éternité.

PHÉBOR

C'est le philtre qu'il vous fallait.

PHÉNA

Nous serons si forts que les siècles vaincus viendront nous baiser les pieds.

PHÉBOR

Je songe... Je songe... En elle je tue des générations... Comme elles sont nombreuses ! Son fils, aux yeux volontaires et doux, avec un signe à la joue ! Sa fille, aux cheveux blonds tout bouclés, avec une petite bouche rose et un joli sourire ! Le fils de son fils, violent dès son enfance, avec le geste orgueilleux de relever le front ! Le fils de son petit-fils, pensif et les yeux toujours ouverts vers le mystère, — comme elle !... Que de générations ! Elles sont trop nombreuses : je ne vois plus qu'un champ de têtes blondes et une faux immense et sûre, qui fauche !...

PHÉNA

Que de vies en une seule, et quelle libération ! Toutes ces puissances futures qui nous pressaient de vivre pour vivre à notre place, tous ces désirs obscurs qui comptaient nos heures et guettaient, pour s'y accoupler, le silence et le deuil de notre lit, toutes ces hideuses énergies, toutes ces hypocrites têtes blondes, tu les fauches, Phébor, — ô solide et invincible faucheur ! Va, mon Phébor, ne rêve plus, agis ! Etrangle-la doucement, qu'on ne l'entende pas crier, bien doucement, comme lorsqu'on étouffe une conscience sous le commandement d'un pape !

QUATRIÈME ÉPISODE

(Le soir. — Une salle du palais, éclairée par une faible veilleuse. — Entre Phénissa, les bras pleins de roses.)

PHÉNISSA

Oh ! comme c'est noir, ici ! Comme c'est froid ! Comme c'est vide ! Où sont-ils ? Où est-il, lui ? Il me délaisse, toutes les nuits, et je ne le vois pas de la journée. Il ne m'a pas embrassée une fois, depuis tel soir lointain où mon désir vainquit son ennui... Pourquoi est-il si sombre et si muet ? Le remède ? Il n'a qu'à m'aimer comme je l'aime, — surtout depuis que ses baisers ont fait fleurir ma chair ! Ma jeunesse va s'épanouir, je vais être féconde, je vais donner au monde une vie nouvelle. Il me semble que je suis le premier anneau d'une longue chaîne d'amour, si longue qu'elle enlace les arbres et les montagnes, si longue qu'elle traverse les déserts, les fleuves et les mers, — une longue chaîne d'êtres heureux et fiers ! Je me sens la créatrice d'une race inconnue et formidable, moi, toute petite, moi l'enfant initiée à peine, je me sens devenir la mère d'une lignée de géants. Sors de moi, fils prédestiné, et, fécond à ton tour, va féconder les matrices qui attendent leur maître ! Je voudrais qu'il fût sorti, je voudrais qu'il fût grand déjà et déjà en toute sa force, car sa mission est lourde : il doit pacifier les hommes. Mais il affligera les cœurs durs et il réjouira les affligés. Fils de la charité, il sera la justice. Ils le savent bien, eux, les miens, ceux que j'ai choisis entre les plus laids et entre les plus affamés, et quand les pauvres me baisent la main, ils regardent mon ventre, et quand ils man-

gent leur pain, ils pensent à mon fils, l'Avenir !
Oh ! viens, créature de l'universel désir, réalise-
toi par moi, et s'il te faut tout mon sang pour
vivre, dessèche mes veines !...

Quel bruit ?... Non, rien. Quel silence ! Comme
je suis seule ! Je me trouve mal... Quelle tristesse,
quelle nuit ! Je me trouve mal... Non, je suis
lasse, seulement, mais si lasse qu'il me semble
que je tombe, que je roule, que je m'en vais
vers un abîme... J'ai cueilli trop de fleurs. Où sont-
elles ? Je ne vois plus rien. J'ai cueilli trop de
roses... Il me semble qu'on me cueille aussi,
comme une rose.. Je sens un arrachement...

(Entre le Pauvre).

Qui est là ? Toi ? C'est vrai, je t'ai promis une
aumône, je t'ai dit de venir ce soir... mais je ne
sais plus...

LE PAUVRE

Viens, Reine, viens ! Ils t'attendent, ils sont là,
tous. Ils veulent te voir, ils ont peur, ils ont des
pressentiments, ils se disent des choses entre
eux... Ils t'emmèneront, viens, tu seras leur Reine,
viens ! N'as-tu pas peur, toi aussi ? N'as-tu pas
peur de mourir ?

PHÉNISSA

Oui, tout d'un coup j'ai senti cela, j'ai peur, j'ai
peur de mourir...

LE PAUVRE

Viens vivre ! Viens réaliser la prophétie ! Ecoute
ce qu'a dit la Voix:

« En moi germe la haine des humiliés et j'ai
des dents aigues

» Je rognerai leur gloire et leur état d'être heureux: la certitude des mâles retombera dans la
ténèbre des glabres.

» Le sang illuminera mon étendard blanc.»
Viens réaliser la prophétie.

PHÉNISSA

Oui, va leur dire que je suis leur Reine. Qu'ils viennent me chercher, qu'ils viennent tous!

LE PAUVRE

Tu réaliseras la prophétie : « Le sang illuminera mon étendard blanc ».

PHÉNISSA

Non, pas de sang sur mon étendard, pas de sang sur mes mains! Je ne suis pas cruelle, — non! mais j'absous votre cruauté si elle sauve celui que je porte, le prince futur. Va leur dire qu'ils viennent, je suis leur Reine!

(Le Pauvre s'en va.)

Reine des Pauvres, Reine de ceux qui n'existent qu'en puissance et en volonté, Reine de ceux de demain, Reine de la forêt naissante qu'engraissera la pourriture des vieux troncs éventrés, Reine de la jeunesse, de la vie et de l'avenir! Peuple des misérables, mon cœur faible bat pour ta souffrance avec la force et la majesté d'un océan. Vogue sur l'océan de mon cœur, peuple triste, vogue parmi la tempête vers le continent que rougit la pourpre d'une aube adorable, vogue! Ta douleur est l'insubmersible radeau que nulle vague n'engloutira jamais, — et d'entre l'écrasement des avalanches d'écume elle resurgit, elle vogue vers l'avenir! Vogue, peuple des misérables!

Phébor, mon maître, adieu ! Père inconscient du futur, adieu ! Présent qui as fécondé le lendemain, adieu!

Que se passe-t-il en moi? Quelle est la voix qui parlait en moi? Où suis-je? J'ai peur! Oh!

mes mains tremblent, mes jambes tremblent!..
Il me semble qu'un vent froid passe sur moi..
Où suis-je ? Ah ! le vent m'emporte, le vent m'emporte dans les espaces.

(Entre Phébor.)

Phébor, soutiens-moi !

PHÉBOR
(Il la reçoit dans ses bras et l'étrangle.)

Là, là ! Elle est morte bien doucement, comme une perdrix blessée qu'on étouffe.. C'est fait... Elle est venue au devant du lacet... Où vais-je la mettre ?... Dans ce coin-là...

(Il la couche, puis la traîne par les cheveux.)

Elle est lourde... Oh ! oh ! Son ventre est énorme !... Elle ne mentait pas, elle était grosse. De moi ! Bien, je reprends mon sang, je bois le vin que j'avais versé dans son verre... Des fleurs ! Pourquoi toutes ces fleurs ? Des roses, des roses, des roses... Ainsi, je viens de la tuer... C'est fait. Quoi ? Qu'ai-je fait ? Rien. Elle était morte, quand j'ai serré son cou, un peu trop fort... Ce n'est pas moi... Pauvre enfant !

(Il prend des roses et les jette sur elle.)

Elle a remué ! J'ai vu ses doigts se mouvoir comme pour prendre une des roses...

Son ventre aussi, son ventre s'agite...

Ah ! criminel imbécile qui n'a pas su tuer du premier coup !...

(Il arrache de sa gaîne une des épées qui pendent aux murs.)

Lâche qui n'ose pas recommencer !... Lâche qui reste à moitié du crime !... A-t-elle remué vraiment ?... Oui, elle remue !...

(Il lui perce le cœur, puis le ventre.)

Ah ! le sang, quel philtre ! La vue du sang m'exalte ! Voilà les roses blanches devenues toutes rouges ! Ah ! les belles roses rouges !
(Des voix, dehors, chantent.)

Les sirènes
Etaient trois reines,
Chacune a choisi son roi.
Les sirènes
Etaient trois reines,
Sois notre reine, ô Messagère !

PHÉBOR

Qui chante en ce moment, en un tel moment, quand l'œuvre vient de s'accomplir, quand la fécondité vient d'être niée, quand le désir gît dans son sang, quand l'avenir vient d'être étranglé, quand le présent triomphe, quand Goliath a égorgé David ? Quelle est cette chanson stupide ? Chante, peuple hideux, la Messagère est morte !
(Entre Phéna.)

PHÉNA

O Phébor, gloire à toi ! honneur à toi ! amour à toi ! Tu as délivré le monde de la tyrannie de l'espoir.
(Entre le Pauvre.)

PHÉNA

Le Pauvre ! Phébor, arrête-le, tiens-le !
(Courant à la porte et criant :)
Le Pauvre a tué Phénissa ! Venez, venez !

(Pendant que Phébor, apres une courte lutte, écrase sous son genou le Pauvre que l'épouvante paralyse, entrent les femmes, qui s'empressent en gémissant.)

LES SUIVANTES

O Phénissa ! O Phénissa ! O Phénissa !

LA PETITE

(Elle a recueilli toutes les roses et elle les épand sur la morte.)

O Phénissa, c'est donc encore à moi de saluer par des fleurs la nouvelle épouse, — ô Phénissa, entrée dans le lit de la mort !

LES SUIVANTES

Dans le lit de la mort, ô Phénissa !

LA PETITE

O Phénissa, qui nous aimais, qui nous baisais si tendrement que tes baisers étaient des gouttes d'élixir !

LES SUIVANTES

Si tendrement, ô Phénissa !

LA PETITE

O Phénissa, qui aimais les malheureux et qui voulais la gloire des pauvres !

LES SUIVANTES

La gloire des pauvres, ô Phénissa !

LA PETITE

O Phénissa, tes humbles filles t'offrent les dernières fleurs, ô Phénissa !

LES SUIVANTES

O Phénissa ! O Phénissa ! O Phénissa !

(Des soldats et des valets entrent en tumulte.)

PHÉNA

Voilà celui qui a tué Phénissa.

LE PAUVRE

(Se débattant sous les étreintes.)

Non, non, ce n'est pas moi. Voilà...

PHÉBOR

Bâillonnez-le pour l'empêcher de mentir.

Achevé d'imprimer
pour le *Mercure de France*,
par A. Davy,
le 3 novembre 1893.

www.ingramcontent.com/pod-product-compliance
Lightning Source LLC
Chambersburg PA
CBHW060520050426

42451CB00009B/1074